LA VÉRITÉ

SUR LE SORT DES OUVRIERS

EN FRANCE,

Ouvrage dédié à toutes les Classes de la Société,

PAR A. B. COLLOMB,

EX-RÉDACTEUR DE DIVERS JOURNAUX ET AUTEUR
DE DIFFÉRENTS OUVRAGES.

Vox populi, vox Dei.

PARIS ET LYON.

—

1842.

Cet Opuscule est vendu par l'Auteur au bénéfice d'un père de famille dans l'infortune.

LA VÉRITÉ

SUR LE SORT DES OUVRIERS

EN FRANCE.

———

Si comme on l'a dit avant nous, la voix du peuple est la voix de Dieu, il faut reconnaître que cette voix crie souvent dans le désert. Qu'entendre en effet par le peuple, si ce n'est cette agglomération de citoyens, obligés, pour la plupart, de chercher dans une occupation généralement assez mal rétribuée la subsistance nécessaire à ses besoins journaliers. Encore si à force de travail, par des économies minimes à la vérité mais souvent répétées, l'ouvrier, celui qui n'a rien, absolument rien que ses bras, pensait arriver à un résultat heureux, celui d'amasser quelque chose pour soutenir sa précoce vieillesse, nous serions les premiers à l'encourager, à lui crier: travaille, amasse, mets à la caisse d'épargnes ! Mais il n'en est point ainsi ; le sort de l'ouvrier est généralement tracé, la sphère dans laquelle il est placé forme un cercle dont il ne peut sortir que par un talent transcendant ou avec l'aide d'un capitaliste. Quand je dis le talent, je me trompe, car aujourd'hui les capitaux seuls font tout, puisque ce n'est que par l'argent seulement que la concurrence, cette plaie meurtrière de notre industrie, peut se soutenir et livrer ces tristes combats où le travailleur est toujours terrassé.

Dans un livre aussi justement conçu que savamment écrit, un jeune homme, dont nous déplorons tous la perte, Adolphe Boyer, simple ouvrier typographe, s'exprimait ainsi au sujet de la *concurrence* :

« La concurrence illimitée n'est pas possible dans le travail ; c'est un rêve, c'est une chimère, et pour s'obstiner à ne pas le voir, il faut être aveugle ou égoïste.

» Non-seulement elle est l'ennemie la plus cruelle du travailleur, mais elle tend encore à ramener la nation à un état de misère, de désordre et d'asservissement pire mille fois que l'esclavage antique.

» La concurrence illimitée a eu pour résultat immédiat l'introduction spontanée de nombreuses machines, la découverte d'inventions de toute espèce et de procédés nouveaux tendant généralement à la suppression des bras.

» De là, perturbation dans le travail.

» Nous ne doutons pas qu'un jour tous ces moyens puissants de production ne contribuent au bien-être général ; mais aujourd'hui il n'en est pas ainsi ; au contraire, plus l'industrie s'enrichit et fait de nouvelles découvertes, plus on produit, et plus aussi la misère du prolétaire augmente.

» Autant d'améliorations sociales, autant de causes de douleur pour l'ouvrier.

» La concurrence telle qu'elle existe maintenant, c'est-à-dire sans tarifs ni lois réglant le travail, amène la diminution des salaires, le chômage, l'anarchie et les mauvaises mœurs.

» Les travailleurs sont condamnés à lutter de force et de vitesse contre les machines.

» La tâche est rude, car le génie des hommes les perfectionne sans cesse, et en crée de plus puissantes chaque jour.

» La lutte devient tout-à-fait impossible.

6

» Il y a de ces machines qui occupent un seul adulte avec un ou deux enfants, et qui font le travail de trois cents fileurs d'autrefois. »

(VILLERME.)

« Aussi le prix de la main-d'œuvre va toujours diminuant, tandis qu'au contraire les journées deviennent de plus en plus longues et fatigantes.

» La diminution des salaires est le pivot sur lequel tournent toutes les affaires. Aucune entreprise ne commence sans se proposer à l'avance une baisse de prix. Lisez les rapports des gérants de sociétés en commandite : ils sont curieux d'enseignements à cet égard. Ils présentent la réduction des salaires comme leur premier élément de succès ; ils en font la base de leur réputation d'habiles administrateurs.

» La concurrence illimitée est non-seulement nuisible aux ouvriers, mais elle nuit encore au petit commerce, et nous n'avons pas besoin d'ajouter que les marchands détaillants ne sont autres à nos yeux que des travailleurs.

» De là naît (de la concurrence) une acti-

vité prodigieuse : on profite de toutes les inventions nouvelles, de tous les modes possibles
de l'activité humaine, de tous les moteurs que
la nature et l'art nous donnent, et c'est plaisir
à observer cette vive arène, cette lutte inces-
sante où il se dépense tant d'argent, tant d'é-
nergie, tant d'intelligence.

» Tout ceci est beau tant que les objets
fabriqués sont absorbés à mesure qu'ils sont
produits.

» Mais viennent les temps difficiles. C'est à
qui saura perdre le moins et à qui restera la
victoire.

» Ceux qui ont le moins de capitaux succombent les premiers. »

(Rapport officiel sur l'Industrie.)

« Ceux qui ne possèdent pas de capitaux,
c'est-à-dire les ouvriers, même dans les temps
les plus prospères de l'industrie, ne gagnent pas
assez pour suffire au strict nécessaire : que de-
viennent-ils donc dans les temps de détresse ?
— Les expressions manquent pour le dire.

» La concurrence ne force pas seulement à
diminuer les salaires ; elle a bien plus encore

pour résultat de laisser, quoique placés dans les ateliers ou fabriques, la plupart des ouvriers sans travail.

» Elle a rendu le public exigeant : il veut tout à l'instant même. Faire vite est donc la condition première de la fabrication ; et cette condition ne s'obtient qu'en doublant le nombre des ouvriers réellement nécessaires. Or, comme la plupart des travaux se font aux pièces, et que le temps de chômage n'est pas payé, il s'ensuit que presque tous se croisent les bras en attendant un nouveau travail.

» La cause de la détresse du prolétaire n'est donc pas seulement dans la diminution des salaires, mais bien plus encore dans l'inactivité forcée où il reste.

» Mais ce n'est pas tout encore de faire vite, il faut aussi faire bien et à bon marché, et c'est encore l'ouvrier qui supporte les conséquences de ces exigences, car le beau et le bien s'obtiennent en laissant pour le compte du travailleur les pièces que l'on juge défectueuses, et le bon marché en diminuant la main-d'œuvre.

» De la concurrence illimitée découlent donc toutes les misères du prolétaire.

»......... La libre concurrence est cause de l'essor prodigieux qu'a pris l'industrie, mais aussi de la production souvent surabondante des objets manufacturés, de l'encombrement des magasins, de la dépréciation des marchandises, de la ruine d'un grand nombre de fabricants, et de beaucoup de crises, de beaucoup d'oscillations dans les taux des salaires, qui sont si nuisibles aux ouvriers. Aujourd'hui, sous l'empire de cette concurrence, nous sommes frappés de ses inconvénients, comme on l'était en 1789 de ceux des maîtrises et du privilége que possédaient quelques fabricants à l'exclusion de tous les autres de produire de certains articles. »

(VILLERMÉ, des Classes ouvrières.)

« On aura beau la vanter et la prôner, nous l'avons déjà dit, elle est impossible dans le travail.

» Les fluctuations de la Bourse, la baisse et la hausse, qui peut-être ne nuisent pas au commerce, causent aux ouvriers, vivant au jour le jour, un préjudice irréparable.

» La marchandise qui ne se vend pas un jour peut se vendre le lendemain sans presque perdre de sa valeur; les journées de chômage ne peuvent se récupérer, et il ne s'agit pas seulement ici d'une perte de dix ou quinze sous par jour, mais bien d'un manque de travail.

Or, en pareille circonstance, que peut faire l'ouvrier, vivant, comme nous l'avons dit, au jour le jour? se restreindre, se priver. Sur quoi? sur sa nourriture! Il faudra donc qu'il dise à sa femme et à ses enfants, à qui huit livres de pain sont nécessaires chaque jour, de n'en manger que quatre s'il ne travaille que trois jours par semaine, ou même de ne pas manger s'il est tout à fait sans occupation.

Ces expressions paraîtront sans doute empreintes d'exagération; mais si on voulait se donner la peine de réfléchir que la moyenne de la vie des enfants d'ouvriers est de deux ans, on comprendrait qu'il y a là une triste réalité.

L'une des causes nombreuses qui amènent les demandes en augmentation de salaire, c'est la fausse idée que les ouvriers se font des bénéfices des fabricans. Ainsi, ayant appris qu'une fabrique avait gagné 30,000 fr. en un an, quelques-uns déclarèrent hautement que c'était trop, que 15,000 fr. auraient dû suffire, et le reste être répartie en salaire aux ouvriers. Or, cette fabrique possède un capital de 300,000 fr. tant en matériel qu'en fonds de roulement, et elle appartient à deux associés. Si l'on retire 15,000 fr. pour l'intérêt des capitaux, il reste précisément la somme qu'on estimait être un bénéfice suffisant pour les travaux des deux fabricants et les chances de perte que courent leurs capitaux. Évidemment, si leur fabrique ne devait produire que 15,000 fr., mieux vaudrait pour eux placer en rentes ces 300,000 fr. que de les exposer sans profit à toutes les chances commerciales. Sans capitaux point de production ; mais s'ils sont mal rétribués, ils abandonnent l'industrie. C'est dans la combinaison des profits des capitaux et du travail que gît toute la difficulté de l'augmentation des salaires ; la chercher ailleurs, vouloir arracher au fabricant ses bénéfices légitimes, à l'ouvrier la rétribution de son travail, c'est poursuivre la ruine de l'industrie.

Les antipathies des ouvriers pour les fabricants sont souvent poussées si loin, qu'ils leur refusent jusqu'aux plus petits services, et que ceux d'entre eux qui témoignent de la confiance et de l'estime pour leurs chefs industriels sont souvent moqués et injuriés. Quand un ouvrier a demandé un prix pour un travail proposé, nul autre ne consentirait à l'exécuter à des conditions plus modérées. C'est entre eux un despotisme plus brutal et plus funeste que celui auquel ils prétendent se soustraire. C'est, dans beaucoup d'ateliers, l'oppression des ouvriers laborieux, capables, intelligents, par les brouillons et les mauvais sujets. Ainsi, un fabricant a établi la règle de donner la besogne la plus avantageuse aux ouvriers qui se font remarquer par leur bonne conduite ; hé bien ! ceux-ci, pour n'être pas traités en ennemis par leurs camarades, sont obligés de se joindre à eux de temps à autre pour faire preuve qu'ils ne sont pas aussi bons sujets qu'on le croit ; il leur faut affecter l'hypocrisie du vice.

Nous ne sommes pas de ceux qui disent toujours que la vie de l'atelier n'est que l'exploitation de l'homme pour l'homme, cela se voit quelquefois à la vérité, mais ce n'est point une règle générale. On est cependant forcé d'avouer qu'il est des états assez convenablement rétri-

bués, tandis qu'il en est d'autres qui sont insuffisants pour nourrir le pauvre père de famille
qui n'a point d'autres ressources.

Dans l'inexacte répartition des salaires, ce
n'est point l'ouvrier jeune célibataire, sans char-
ges, n'ayant à penser à d'autres qu'à lui, qui
se trouve le plus gravement compromis. C'est
l'homme marié, le père de famille, souvent sur
l'âge et sans autre ressource que son travail.
Que devient-il alors, quelle est sa position ?
trahi par ses forces, souvent il s'endette, car
une journée de 1 fr. 50 à 2 fr., répartie entre
le père, la mère et trois ou quatre enfants, est
bientôt dépensée. Il ne reste donc à l'ouvrier sur
ses vieux jours que le suicide, la charité ou la
faim.

Dans les autres classes de la société, plus
l'homme vieillit, plus il est honoré et respecté;
dans le travail, c'est le contraire, plus l'ouvrier
devient vieux, plus il est incapable, délaissé et
rebuté.

Accablé par l'infortune et la misère, il ne présente, le plus souvent, qu'un aspect répugnant;
et malgré vous, lorsqu'il vous arrive de ren-
contrer un de ces vieillards ainsi déguenillé et

misérable, vous éprouvez d'abord un sentiment de répulsion, vous êtes prêt à ne point prendre la main qu'il vous tend; mais la réflexion arrive, vous pensez à la probité de celui qui est devant vous, vous vous empressez alors de serrer la main qu'il vous présente, et une larme involontaire roule dans votre paupière.

Les ouvriers se plaignent de l'insuffisance de leur salaire : il est peu élevé sans doute; mais beaucoup d'entre eux ne l'abaissent-ils pas souvent encore par les dépenses et les pertes de journées qui suivent la paie? Lorsqu'aux jours de repos légitime il faut ajouter tous les lundis et, à la fin de chaque quinzaine, deux ou trois jours de cabaret, l'année se trouve réduite, sans compter les chômages et les indispositions, à 200 jours, et le salaire à 800 fr. qui, répartis sur 365 jours, ne donnent que 2 fr. 20 c. pour chacun. S'ils réparaient au moins ce temps perdu par un travail extraordinaire..... mais non, car il ne faut pas, disent-ils, épuiser le travail à faire : comme si la somme du travail pouvait jamais s'épuiser, comme si les besoins de la consommation ne croissaient pas toujours en raison de la production et ne la dépassaient pas constamment ! Combien de fausses idées n'ont-elles pas d'influence sur la moralité des hommes.

Pour nous résumer, nous dirons qu'une grande part de ces malheurs proviennent de l'ignorance où sont généralement les fabricants et les ouvriers sur la nature de leurs intérêts réciproques, et leur mésintelligence d'une défiance qui procède de leur éloignement. Quoiqu'ils se voient tous les jours, ils ne se connaissent pas, parce que, dans le fabricant, l'ouvrier ne voit qu'un maître qui commande despotiquement, souvent avec dureté ; et que, dans l'ouvrier, le fabricant ne voit qu'un instrument intelligent qui lui obéit. Que l'ouvrier s'honore par sa bonne conduite et son économie, qu'il s'élève par l'instruction et la dignité du caractère ; que le fabricant, à son tour, accorde à l'ouvrier l'estime que celui-ci mérite ; qu'il le considère et le traite comme un associé de son industrie, qu'il ne dédaigne pas d'entretenir avec lui des relations affectueuses, et toute antipathie disparaît. L'animosité, l'aigreur, font place à l'estime, au dévouement. C'est au fabricant à faire dans cette voie de conciliation le premier pas ; mais il faut que les ouvriers sachent répondre par de la confiance aux bonnes dispositions qu'on leur montre.

Des Ouvriers. — Influence du travail sur les mœurs. — Hospices. — Vieillards.

» Le sort des travailleurs est sans doute bien triste et bien à plaindre, cependant il n'est rien comparé à celui des ouvrières. Ici les misères sont si grandes, les maux sont si déplorables et si horribles, que la plume se refuse à les reproduire. Il n'y a pas d'expression possible pour dire les souffrances et les douleurs.

» La vie d'une ouvrière honnête est une vie toute d'abnégation, de dévouement et d'affection ; elle ne s'appartient pas ; elle appartient à la famille dont elle est l'âme, la joie et le bonheur.

» Au dehors, même nombre d'heures de travail que le mari ; dans l'intérieur, à elle toutes les fatigues et les soins du ménage ; les nuits sont presque toujours sans repos pour elle, forcée qu'elle est de donner ses soins à de jeunes enfants.

» Et pourtant ces femmes si bonnes et si dévouées sont généralement diffamées.

»Les efforts de courage, l'excès du travail et les privations de toute espèce que la femme du prolétaire s'impose en faveur de la famille sont les causes premières de la dégénérescence qui se fait remarquer, surtout dans les villes manufacturières.

» L'excessive mortalité qui moissonne des familles d'ouvriers porte plus particulièrement sur les premiers temps de la vie. »

» Est-il étonnant que les maladies viennent les assiéger, nos femmes logées qu'elles sont dans des greniers malsains ; d'où elles ne sortent presque jamais, et manquant souvent des choses les plus indispensables à la vie ?

» Ceux qui ne connaissent pas l'existence du prolétaire, du travailleur ; ceux qui ne savent pas ce qui se passe dans nos mansardes, ne pourront jamais croire que, dans la première ville du monde civilisé, au sein de l'abondance, de la richesse et de la prospérité, beaucoup d'ouvriers, et surtout d'ouvrières, meurent de faim et de besoin.

» Rien cependant n'est plus réel.

» Sans doute il est très rare de voir mourir par suite d'un jeûne absolu de six ou huit jours ;

mais n'est-ce pas mourir de faim que de rester par fois des journées sans manger? ou même de n'avoir constamment qu'une nourriture insuffisante pour les besoins du corps? d'où il résulte une telle détérioration, un état si complet de délabrement et d'épuisement, que la mort est inévitable? Elle survient au bout de six ou huit mois au lieu de six ou huit jours, et elle est d'autant plus cruelle qu'elle est plus lente : c'est une agonie de huit mois au lieu d'une agonie de huit jours.

Aussi beaucoup d'ouvrières ne peuvent supporter tant de calamités, tant de douleurs, et succombent, jeunes encore, accablées par la misère, n'ayant connu de la vie que des privations et des tortures physiques et morales.

Quand on voit la profonde détresse de la plupart des ménages d'ouvriers; quand on sait que l'insuffisance des salaires et les chômages en sont la cause réelle, on ne peut plus être étonné des mauvaises mœurs; on comprend que le foyer de l'ouvrier n'offrant que la perspective du malheur, les liens de famille se détruisent, et que les jeunes gens de l'un et de l'autre sexe répugnent à les contracter.

Et l'inorganisation du travail étant la cause de la détresse des ouvriers et des ouvrières, c'est d'elle, en partie, que découlent toutes les corruptions.

« De toutes les causes de la prostitution, il n'en est pas de plus active que le défaut de travail et la misère, suite inévitable de salaires insuffisants. Que gagnent nos lingères, nos couturières, nos ravaudeuses et généralement celles qui s'occupent d'aiguille?

» ..... N'oublions pas qu'une foule de causes viennent à chaque instant suspendre les travaux des fabriques, et réduire à l'inaction pendant deux ou trois mois des ouvrières qui ont toujours vécu au jour le jour, qui se sont trouvées dans l'impossibilité de faire des économies.

» Que peut faire dans une pareille circonstance une malheureuse isolée, sans appui, sans instruction première, entourée de séductions, en proie à toutes les privations, et n'ayant pour perspective que la mort la plus cruelle, celle que détermine la faim!

» Ces considérations sont graves, et font faire plus d'une réflexion. »

(PARENT DUCHATELET.)

» Nous trouvons une cause non moins active de la prostitution et des mauvaises mœurs dans le désœuvrement des jeunes gens *de bonne famille*, qui considèrent comme un heureux et agréable passe-temps la séduction *d'une fille du peuple*; ils commencent par là leur apprentissage de courtoisie et de galanterie, pour aller sans doute plus tard porter l'adultère dans la bonne société. Plus tard aussi la jeune fille se prostitue au coin d'une rue ou meurt dans un hôpital, et son séducteur fait partie d'une société philantropique et morale, et déclame contre la corruption.

» Les causes de la prostitution sont partout; nous les trouvons dans nos fabriques, dans nos manufactures, dans nos ateliers : les fils des fabricants, les sous-chefs et même les commis se servent de leur autorité pour séduire nos filles et corrompre nos femmes.

» Aux États-Unis, le plus grand soin a été pris pour conserver la moralité des femmes qui travaillent dans les ateliers des manufactures.

» Ces femmes ne quitteraient pas leur domicile si elles supposaient que leur réputation dût en souffrir.

» Une jeune fille employée dans ces établissements est plus estimée que celle qui reste dans sa famille ou bien se livre aux travaux agricoles, elle y va pour augmenter ses ressources et faire un mariage plus convenable. »

Les fabriques de cotonnades emploient à elles seules dans Lowell (Amérique) six mille personnes. Sur ce nombre près de cinq mille sont de jeunes femmes de 17 à 24 ans, filles de fermiers des divers états de la Nouvelle-Angleterre, et particulièrement du Massachussetts du New-Hampshire et du Vermont. Elles sont là, loin de leurs familles, livrées à elles-mêmes, et pourtant leur conduite est ordinairement régulière.

Les salaires des ouvrières habiles sont de 25 francs et même de 30 francs.

En France l'autorité n'intervient nullement dans la question du travail ; notre liberté, notre vie, notre honneur, celui de nos femmes et l'avenir de nos enfants, tout est à la discrétion du chef d'atelier.

A ceux qui douteraient de la véracité de nos paroles nous dirions : Parcourez cet immense dédale que l'on nomme Paris, et vous reconnaîtrez que le tableau que nous avons tracé des misères de la classe ouvrière n'est malheureusement empreint que d'une trop sensible réalité. Portez vos pas à Lyon, examinez cette ville, centre de l'industrie séricole, voyez ces ouvriers au teint have et aux formes grêles, à la démarche chancelante; eh bien! ce sont ces hommes qui enrichissent du fruit de leurs travaux la seconde ville de France. Nul mieux qu'eux ne sait tisser ou donner à la soie ces formes et ces dessins variés qu'aucune autre ville ne peut imiter. Combien est minime le salaire de ces hommes qui, pour la plupart, en travaillant depuis cinq heures du matin jusqu'à onze heures ou minuit, peuvent à peine gagner deux francs. Le prix moyen de la journée pour les articles ordinaires est ordinairement de 1 fr. 50 c. Quelques tisseurs de *châles*, de *velours* et autres articles de luxe gagnent, il est vrai, par fois de 3 f. 50 à 5 fr. par jour, mais ce sont là des exceptions rares. — Dans cette branche de la soierie les ouvriers sont en quelque sorte mieux partagés que les maîtres, attendu qu'ils doivent recevoir la moitié franche de ce que l'article est payé au chef d'atelier par le négociant. Le chef d'atelier est obligé de faire tous les frais de montage et de fournir le logement à l'ouvrier à qui il ne reste que sa nourriture à payer, encore très souvent vit-il à la table du patron, moyennant un prix convenu.

Le sort des femmes employées dans la soierie et désignées ordinairement sous le nom de *compagnonnes*, est en quelque sorte pire que celui des couturières. Beaucoup d'entr'elles travaillent les étoffes *unies*, les *crêpes*, et ont peine à atteindre le chiffre de 50 c. par journée. Nous avons vu des livres où des articles *parapluies* étaient cotés à un prix si bas qu'à peine l'ouvrière pouvait gagner l'huile qu'elle était obligée de se fournir.

La cohabitation de compagnons et *compagnonnes* dans le même atelier est un puissant aliment pour la débauche. Les conversations les plus crapuleuses se font entendre ordinairement dans les ateliers que le chef ne conduit pas par lui-même. Une soupente reçoit le plus souvent les ouvriers la nuit, et un simple rideau sépare le lit de l'apprenti et du compagnon. Pour être juste nous dirons que, depuis les évènements de Lyon, la société dite des *Ferrandiniers* a introduit de notables améliorations dans cette classe.

Parlerai-je de l'état de misère qui plane habituellement sur une classe d'hommes destinés à porter au loin le flambeau des sciences; je veux parler des compositeurs typographes. Combien est précaire leur existence : embauchés aujourd'hui par centaines pour un coup de main, ils seront, le jour après, renvoyés de nouveau. Paris leur offre, il est vrai, une existence plus assurée que la province. Dans Lyon, où tout se paye non au *mille* de lettres mais au gré des patrons, à peine, avec le temps perdu, si la journée leur revient à 1 fr. 50 c. Il faut excepter, bien entendu de ce nombre ceux qui sont en *conscience* c'est-à-dire à la journée; ils sont ordinairement payés de 16 à 20 fr. par semaine.

D'où vient ce malaise des classes ouvrières? de la non-rétribution du travail; et la non-rétribution, du vice d'organisation de ce même travail. Espérons que le Gouvernement comprendra combien il est important d'assurer à l'homme un travail honorable et convenablement rétribué; avec une organisation nouvelle, en consultant les écrits des Carel, des Cormenin, des A. Boyer et autres publicistes, en puisant dans leurs livres ce qui est conforme aux lumières de la saine raison, nul douté que les efforts tentés pour soulager les masses ne soient couronnés d'un plein succès.

LYON. — IMPRIMERIE DE CHARVIN ET NIGON.